태극비석치기의 이론과 실제

전병훈 지음

한국태극비석치기협회
Korea Taigeug Biseok Chigi Association

예감출판사

머 리 말

    태극비석치기(太極碑石치기; Kaigeug Biseok Chigi)는 비석을 다양한 방법으로 던지거나 떨어뜨리거나, 밀어 차서 상대방의 비석을 쓰러뜨리는 운동을 말한다.

    태극비석치기는 한국에서 창시자인 전병훈에 의해서 만들어진 전통생활체육이다. 창시자인 전병훈은 평소에 대부분의 뉴스포츠나 생활체육이 외국에서 도입된 것이라는 데서, 한국형 생활체육을 만들어야겠다는 일념으로 한국의 전통체육을 만들기로 결심하였다.

    태극비석치기는 한국의 전통놀이인 구슬치기의 장점과 단점을 분석하여 장점은 살리고, 단점을 보완하여 재미적인 요소와 운동 효과를 현대적으로 변형하여 만들었다.

    태극비석치기는 처음에는 개인의 취미 활동으로 시작하여, 점차 태극비석치기 인구가 증가함에 따라 2018년 7월에 한국태극비석치기협회를 설립하여 본격적으로 활동을 시작하였다.

    앞으로 태극비석치기 협회는 전국 청소년, 성인, 노인들을 대상으로 태극비석치기를 보급하고, 저변 확대를 한 후에는 태극비석치기 대회를 전국적으로 개최하고, 전세계에 보급하고자 하는 것을 목표로 하고 있다.

지은이 전병훈

목 차

제1장 태극비석치기의 정의

태극비석치기는 전통놀이인 비석치기에 경기적인 요소를 가미하여
남녀노소가 어디서든 손쉽게 즐기면서 운동효과가 큰 운동을 말한다.

1. 태극비석치기의 개념과 탄생

태극비석치기(太極碑石치기; Kaigeug Biseok Chigi)는 비석을 다양한 방법으로 던지거나 떨어뜨리거나, 밀어 차서 상대방의 비석을 쓰러뜨리는 운동을 말한다. 태극비석치기는 한국의 전통놀이인 비석치기의 장점과 단점을 분석하여 장점은 살려 경기의 개념을 도입하여 만들었다. 태극비석치기의 장점은 실내와 야외 어디서나, 특별한 능력이 없어도 남녀노소 누구나 즐길 수 있는 생활체육이다.

태극비석치기는 한국에서 창시자인 전병훈에 의해서 만들어진 전통생활체육이다. 창시자인 전병훈은 평소에 대부분의 뉴스포츠나 생활체육이 외국에서 도입된 것이라는 데서, 한국형 생활체육을 만들어야겠다는 일념으로 한국의 전통체육을 만들기로 결심하였다.

태극비석치기는 아이들이 하는 비석치기에서 아이디어를 얻었다. 비석치기는 아이들의 놀이로서 대중화하기 어렵고, 경기로 하기 때문에 대중화가 잘 되지 못하는 것에 착안하여 재미적인 요소와 운동의 장점들을 접목하여 2018년 6월 태극비석치기라는 전통생활체육을 만들었다.

태극비석치기는 처음에는 개인의 취미 활동으로 시작하여, 점차 태극비석치기 인구가 증가함에 따라 2018년 7월에 한국태극비석치기협회를 설립하여 본격적으로 활동을 시작하였다. 앞으로 한국태극비석치기협회는 전국 청소년, 성인, 노인들을 대상으로 태극비석치기를 보급하고, 저변 확대를 한 후에는 태극비석치기 대회를 전국적으로 개최하고, 전세계에 보급하고자 하는 것을 목표로 하고 있다.

2. 태극비석치기의 원리

태극비석치기는 한국의 전통놀이인 비석치기의 장점과 단점을 분석하여 장점은 살리고, 단점을 보완하였으며, 경기적인 요소와 운동 효과를 추가하여 현대적으로 변형하여 만들었다. 태극비석치기의 원리를 보면 다음과 같다.

❶ 태극비석치기는 한국의 전통놀이인 비석치기에서 경기 규칙을 가져왔으며, 하프게임과 풀게임을 만들었다.

❷ 태극비석치기는 난이도에 따라 22가지 놀이방법을 만들었다.

❸ 태극비석치기는 팀을 만들어 가장 먼저 정해진 방법을 모두 해결하는 팀이 이기는 것으로 하였다.

❹ 태극비석치기는 남녀노소 누구나 실내나 좁은 실내에서도 할 수 있도록 만들었다.

❺ 태극비석치기는 운동적인 요소를 가미하여, 태극비석치기를 함으로서 건강을 높일 수 있도록 만들었다.

❻ 태극비석치기는 개인경기는 물론 단체 경기가 가능하도록 만들었다.

❼ 태극비석치기는 한국 사회체육이 활성화되는데 기여하도록 만들었다.

❽ 태극비석치기는 노인들의 치매를 예방하는데 효과적인 운동으로 만들었다.

❾ 태극비석치기의 용구와 경기 방법은 안전을 우선으로 고려하여 만들었다.

3. 비석치기의 정의와 유래

1) 비석치기의 정의

비석치기는 일정한 거리에 비석처럼 세워진 상대방의 말을 자기의 말로 일격에 맞추어 쓰러뜨리는 놀이이다. 비석치기는 전국적으로 하던 놀이이기 때문에 지역에 따라서 놀이방법이 조금씩 다르고, 단계에 따라 부르는 이름도 다르다. 그러나 일반적으로 세워진 비석을 던져 맞히는 부분은 공통적이다.

원래 비석치기에 사용하는 비석은 주변에서 구하기 쉬운 돌을 이용한 놀이로 잘 세워지는 두툼한 돌이나 깨진 기왓장을 가지고 하였다.

2) 비석치기의 유래

우리나라 곳곳의 마을에 비가 세워져 있는 '비석거리'라는 지명이 많다. 당시 비석은 권력층이나 부유층이 모여 살고 있는 마을 가까운 거리로 자기들의 조상 또는 자기들의 업적을 자화자찬하고 기리기 위하여 각종 기념물을 세웠는데, 비석 중에는 다수 민중의 뜻에 의한 것이 아니라 몇몇 권력층의 자기 자랑과 자기 과시에 불과한 것이 많았다. 따라서 민중의 눈에는 좋게 보이지 않았기 때문에 발길질로 비석을 차면서 평소 쌓여 왔던 울분을 잠시나마 풀었고, 자연스럽게 비석치기라는 놀이가 어린이놀이로 자리 잡게 된 것으로 보인다.

지역에 따라서 비사치기, 비석차기, 비석까기, 목자까기, 자까기, 비새치기, 비사색기, 자새치기, 마네치기, 망깨까기, 돌차기, 돌맞추기, 말차기, 강치기 등 다양한 이름으로 부르기도 한다.

4. 태극비석치기의 가능성

태극비석치기는 다음과 같은 가능성을 가지고 있다.

❶ 한국의 전통 체육으로서 보급할 수 있다.

세계적으로 알려진 전통체육은 일본은 스모와 가라데, 영국은 펜싱, 태국은 무에타이와 세팍타크로, 중국은 우슈, 브라질은 카포에라, 영국은 럭비, 캐나다는 농구가 있다. 우리나라는 한국은 택견, 씨름, 국궁 등을 전통체육으로 하고 있다. 태극비석치기도 구슬치기라는 전통놀이를 바탕으로 전통을 계승하고 발전시켜 한국의 전통체육으로 보급할 수 있다.

❷ 노인들의 사회체육으로 보급할 수 있다.

우리나라는 노인 인구의 증가로 인하여 노인들을 위한 사회체육의 보급이 절실히 필요한 때이다. 일본은 노인들의 사회체육이 30가지를 넘고 있지만, 아직 한국은 게이트볼이나 우드볼 등이 있으나 이는 외국에서 들어온 것이기 때문에 자생적인 노인들을 위한 사회체육이 필요하다. 태극비석치기는 노인들의 체력이나 유연성을 바탕으로 만들었기 때문에 노인들의 사회체육으로 보급할 수 있다.

❸ 학생들의 뉴스포츠로 보급할 수 있다.

현재 한국의 뉴스포츠는 T볼, 후라잉디스크, 칸볼, 플로어볼 등이 있는데 이들은 거의 외국에서 들어 온 것이기 때문에 한국의 전통체육으로서 뉴스포츠를 보급할 수 있다.

5. 한국태극비석치기협회의 비전과 조직

태극비석치기는 한국의 전통놀이가 사라져 가는 것에 안타까움을 느껴 전통놀이인 비석치기를 현대적으로 수정하여 만들어졌다. 태극비석치기는 전통놀이에서 부족한 재미와 흥미적인 요소들을 포함하여 한국의 전통체육으로 자리잡아, 세계적인 생활체육으로 보급되는 것을 목표로 하고 있다. 이를 위하여 한국태극비석치기협회[韓國碑石치기協會; Korea Taigeug Biseok Chigi Association]를 만들어 각종 사무와 운영을 한다.

1) 한국태극비석치기협회의 비전

한국태극비석치기협회의 비전을 보면 다음과 같다.

❶ 태극비석치기를 남녀노소 누구나 즐길 수 있는 생활체육으로 보급한다.

❷ 태극비석치기를 실내외 어디서든지 할 수 있는 생활체육으로 보급한다.

❸ 태극비석치기를 전 세계에 보급하여 모든 사람에게 건강하고 행복한 삶을 제공한다.

2) 한국태극비석치기협회의 로고

[그림 1-1] 한국태극비석치기협회의 로고

한국태극비석치기협회의 로고는 비석이 날라 가는 것을 형상화하여 만들었으며, 아래에는 한국태극비석치기협회라고 넣었다.

3) 한국태극비석치기협회의 조직

한국태극비석치기협회[韓國碑石치기協會; Korea Taigeug Biseokchigi Association]의 조직은 회장을 중심으로 부회장단과 사무국을 두고, 이사회와 교육연수원을 두고, 지부와 전문분과위원회를 두고 예하에 사무국이 있다.

❶ 이사회

한국태극비석치기협회의 발전을 위하여 협회의 사무를 처리하며, 태극비석치기 협회를 대표하여 협회의 발전에 기여하고, 협회의 행사에 참여하고, 협회의 사무를 집행한다. 이사회에는 경기이사, 심판이사, 재무이사, 교육이사, 시설이사, 홍보이사, 의전이사, 윤리이사, 국제교류이사, 자원봉사이사 등을 둔다.

❷ 교육연수원

교육연수원의 정책을 개발하고, 회원과 심판의 전문성을 교육하기 위하여 교육과 연수를 담당한다.

❸ 지부

전국과 해외에 지부를 두고, 회원 모집과 관리, 용구의 공급, 프로그램의 공급, 경기 개최, 지도자 양성을 한다.

❹ 전문분과위원회

아동, 청소년, 성인, 노인, 장애인, 외국인 분과로 나누며, 협회와 프로그램의 발전을 위하여 지속적인 프로그램을 개발한다.

❺ 사무국

사무국은 한국태극비석치기협회의 운영에 필요한 행정업무와 회장단을 지원하는 역할을 한다. 사무국에는 사무총장을 두고, 사무국에는 협회에 대한 전반적인 홍보기획을 하는 분과, 경기 운영을 담당하는 분과, 조직관리를 하는 분과를 둔다.

<표 1-1> 한국태극비석치기협회의 조직

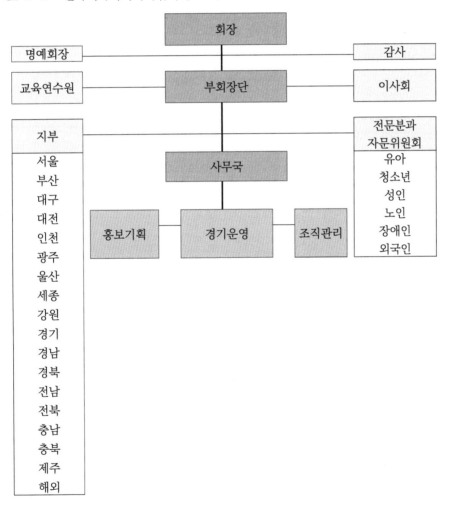

제2장 태극비석치기의 효과

태극비석치기(韓球)를 하게 되면 전신을 사용하여 운동을 하기 때문에
건강이 향상되며, 인지기능이 향상되며, 정서적으로 안정된다.

1. 태극비석치기의 효과

1) 즐거움을 준다.

비석치기 놀이는 자발적으로 참여하는 정신적 만족감을 바탕으로 이루어지는 활동으로서 정신적·육체적 긴장을 이완시켜 주므로 즐거움을 갖게 한다.

2) 건강해진다.

비석치기 놀이를 하면 목적물을 맞추고, 뛰고, 던지고, 맞추기 활동을 통해 온 몸을 움직이면서 놀기 때문에 신체적으로 건강해진다.

3) 공동체 의식을 기른다.

비석치기 놀이는 여럿이 함께 움직이며 정서를 표출하고 집단 안에서 자신의 생각과 행동을 조절하고 규칙을 따르는 과정에서 공동체 의식, 협동성을 기르며, 조상들의 생활과 밀접한 연관 속에서 정서적 안전감을 갖게 된다.

4) 어휘력이 높아진다.

비석치기 놀이 문화는 자신의 의사를 정확하게 표현하거나 다른 사람의 의사를 올바르게 이해해야하기 때문에 새로운 놀이에 참여할 때마다 상황에 따라 사용하는 말이 새로워지므로 어휘력이 풍부해 질 수 있다.

5) 성취감을 느낀다.

비석치기 놀이는 대부분 진행이 쉬운 단계에서 점차 어려운 단계로 성취하여 가는 과정의 연속이다. 따라서 일정한 단계에까지 도달하는 활동은 성취감을 느끼게 해준다.

5) 인지기능을 높인다.

비석을 던지고 맞추기 위해서 어떻게 해야 할지의 판단과 시공간력을 활용해야 하며, 정확히 맞추기 위해서 뇌를 자극하여 인지기능을 높인다.

6) 정서적 안정감을 준다.

비석치기 놀이를 하기 위해서는 비석을 맞추기 위해서 비석을 정확히 던지기 위해서 집중해야 하기 때문에 정서적으로 안정감을 준다.

7) 사회적 규칙을 체험한다.

비석치기 놀이는 다른 사람들과 어울려서 함께 놀아야 하며, 놀이마다 규칙을 가지고 있다. 이러한 규칙을 준수하면서 놀이가 이루어지기 때문에 놀이를 하는 동안 자연스럽게 사회적 규칙을 습득하게 된다.

2. 태극비석치기의 건강 효과

태극비석치기를 하게 되면 다음과 같은 건강 효과가 생긴다.

1) 유산소 운동 효과

유산소 운동이란 운동을 하면서 숨이 차지 않으며 큰 힘을 들이지 않고도 할 수 있는 운동을 말한다. 비석을 던지거나 뛰면서 유산소 운동을 하게 되어 건강을 높이는 효과가 있다. 유산소 운동은 몸 안에 최대한 많은 양의 산소를 공급시킴으로써 심장과 폐의 기능을 향상시키고, 특히 혈관조직을 강하게 만드는 혈관성 치매 예방에 효과가 있다.

2) 치매예방 효과

치매란 대뇌가 손상을 입어 인지기능의 저하와 언어능력의 저하, 신체적 기능이 지속적이고 전반적으로 손상되는 질환을 말한다. 치매는 자신에게도 가혹한 질병이지만 가족에게 육체적·경제적·정신적 고통을 준다. 태극비석치기를 하게 되면 뇌를 자극하여 인지기능을 높이고, 유산소 운동의 효과가 있기 때문에 치매예방에 효과가 있다.

3) 유연성 증가

유연성이란 몸의 균형을 잡거나 바른 자세를 취할 때뿐만 아니라 운동을 수행하는 데 크게 작용하는 체력요소를 말한다. 유연성은 몸을 비틀고, 굽히고, 돌리고, 숙이는데 근육을 부드럽고 효율적으로 움직이는데 필수적이다.

태극비석치기를 하게 되면 몸을 굽히거나 비틀고 숙이는 일을 반복적으로 하기 때문에 유연성이 증가하게 된다. 유연성이 생기면 근육에 탄력이 생기며, 관절의 가동범위가 확대되어 할 수 있는 운동이 증가하게 된다.

4) 근력 향상

근력이란 근육이 한 번에 최대로 낼 수 있는 힘을 말한다. 힘을 기른다는 것은 근력을 향상시킨다는 것을 의미한다. 근력은 일상생활에서 전반적인 신체활동을 자유롭게 할 수 있게 해주고, 각종 질병에 대한 저항력을 키워주어, 건강하고 활기찬 생활을 할 수 있게 해준다. 태극비석치기를 하게 되면 서기, 양손으로 던지기 등을 통해서 대근육과 소근육이 발달하게 되며 근력이 향상된다.

5) 지구력 향상

지구력이란 운동을 지속하는 능력을 말한다. 태극비석치기를 하게 되면 양손의 근육을 사용하여 반복하여 비석을 던져야 하기 때문에, 지구력이 향상된다.

6) 협응력 향상

협응력이란 근육·신경기관·운동기관 등의 움직임의 상호조정 능력을 의미한다. 즉 눈으로 보고 머리·어깨·입·팔·손가락 등을 연결하여 움직이는 신체적 조절능력을 말한다. 태극비석치기를 하게 되면 눈으로 점수판을 보고 머리·어깨·팔·손가락 등을 사용하여 비석을 던지기 때문에 협응력이 향상된다.

7) 신체의 균형감각 발달

태극비석치기를 하게 되면 각 근육과 신경을 골고루 사용하기 때문에 신체의 균형 감각이 발달하게 된다.

8) 오십견 예방

오십견은 노화에 따른 어깨관절 주위 연부조직의 퇴행성 변화 때문에 발생한다. 태극비석치기의 비석을 던지는 동작을 통해 어깨 관절의 지속적인 움직임을 가져와 오십견의 예방 및 치료에 효과적이다.

3. 태극비석치기의 인지기능 효과

인지기능이란 지식과 정보를 효율적으로 조작하는 능력을 말한다. 노화 과정에서 초래되는 가장 심각한 문제는 인지기능의 감소다. 인지(cognition)란 뇌에서 정보를 받아들이고 생각하고 목적에 맞게 행동하는 통합적인 기능을 이르는 말이다.

노인의 인지기능은 연령의 증가에 따라 뇌기능과 기억력이 점진적으로 감소되어 60대에는 25%가 가벼운 정도의 인지장애를 보이다가 70대에는 현저하게 저하되기 시작하여 80대 이상에서는 약 54.6%가 중증의 인지장애를 보인다. 인지기능에는 지남력, 집중력, 지각력, 기억력, 판단력, 언어력, 시공간력, 계산능력 등이 있는데 태극비석치기를 하게 되면 인지기능을 향상시키는 효과가 있다.

1) 지남력 향상

지남력은 사람, 장소, 시간을 파악하는 개인의 지각능력을 말한다. 태극비석치기를 하게 되면 사람을 자주 만나야 하며, 장소와 시간을 지켜야 하기 때문에 지남력이 높아지게 된다.

2) 집중력 향상

집중력이란 마음이나 주의를 한곳에 모으는 힘을 말한다. 집중력은 기본적인 일상생활뿐만 아니라 정신을 맑게 하는데 꼭 필요한 능력이다. 태극비석치기를 하게 되면 비석을 맞추어 쓰러뜨리기 위해서 집중력이 높아져 매사에 활력이 높아지게 된다.

3) 지각력 향상

지각력이란 외부의 자극을 정확하게 인지하는 능력을 말한다. 태극비석치기를 하게 되면 비석을 맞추어 쓰러뜨리기 위해서 지각을 정확하게 인식하게 된다.

4) 기억력 향상

기억력이란 일상에서 얻어지는 인상을 머릿속에 저장하였다가 다시 떠올리는 능력을 말한다. 태극비석치기를 하게 되면 점수를 매기기 위해서는 자신이 득한 점수를 기억해야 하고, 시합을 하게 되면 자신의 점수를 기억해야 한다.

5) 판단력 향상

판단력은 사물을 올바르게 인식·평가하는 사고의 능력을 말한다. 태극비석치기를 하게 되면 비석을 어떻게 던지거나, 떨어 뜨려야 하는지, 상대편의 비석을 어떻게 넘어 뜨려야 하는지 판단력이 생기게 된다.

6) 언어력 향상

언어력은 자신의 생각이나 감정을 표현하고, 다른 사람의 말을 이해하여 의사를 소통하기 위한 소리나 문자 따위를 사용하는 능력 말한다. 태극비석치기를 하게 되면 심판과 운동의 경쟁자와 많은 의사소통을 해야 하기 때문에 언어력이 향상된다.

7) 시공간력 향상

시공간력은 사물의 크기, 공간적 성격을 인지하는 능력을 말한다. 태극비석치기를 하게 되면 점수판에 비석을 정확하게 던지기 위해서는 시공간을 인지해야 하기 때문에 시공간력이 향상된다.

<표 2-1> 인지기능

구 분	내 용
지남력	사람, 장소, 시간을 파악하는 개인의 지각능력
집중력	어떤 일을 할 때 상관없는 주변 소음이나 자극에 방해받지 않고 몰두하는 능력
지각력	외부의 자극을 정확하게 인지하는 능력
기억력	일상에서 얻어지는 인상을 머릿속에 저장하였다가 다시 떠올리는 능력
판단력	사물을 올바르게 인식·평가하는 사고의 능력
언어력	자신의 생각이나 감정을 표현하고, 다른 사람의 말을 이해하여 의사를 소통하기 위한 소리나 문자 따위를 사용하는 능력
시공간력	사물의 크기, 공간적 성격을 인지하는 능력

4. 태극비석치기의 정서적 효과

태극비석치기를 하게 되면 다음과 같은 정서적 효과가 생긴다.

1) 사회성 향상

사회성은 사회생활을 하려고 하는 인간의 근본 성질을 말한다. 태극비석치기 경기를 하게 되면 나이, 성별, 장애여부에 관계없이 누구나 참여하기 때문에 인간관계가 증가하여 사회성이 향상된다.

2) 준법성 향상

준법성이란 법률이나 규칙을 잘 지키는 성질을 말한다. 태극비석치기는 경기 규칙에 의거하여 진행되기 때문에 태극비석치기 경기에 참가하기 위해서는 경기 규칙을 따라야 한다. 규칙을 따르지 않게 되면 실격되거나 경기에서 지기 때문에 준법정신이 높아지게 된다.

3) 도덕성 향상

도덕성은 선악의 견지에서 본 인격, 판단, 행위 따위에 관한 가치를 말한다. 태극비석치기 경기를 하게 되면 판정이 객관적이고 공정하게 이루어지며, 과도한 경쟁심을 억제하고 상대방에 대한 배려를 해야 한다. 또한 경기에 참가해서는 경기 예절을 지켜야 하므로 예절을 함양할 수 있다.

4) 자존감 향상

자존감이란 자신을 사랑하고 가치 있게 느끼며 자기 자신에 대하여 유능하고 능력 있는 존재로 여기는 생각을 말한다. 태극비석치기 경기를 하게 되면 개인의 부정적 정서를 긍정적으로 변화시키며, 자신의 내면을 이해하고, 자신의 능력을 깨닫게 되어 자존감이 향상된다.

5) 인성 향상

인성은 자신만의 생활스타일로서 다른 사람들과 구분되는 지속적이고 일관된 독특한 심리 및 행동 양식을 말한다. 인성은 사람 됨됨이가 일정한 가치 기준에 도달했을 때를 의미한다. 태극비석치기 경기를 하게 되면 타인을 공감하는 능력이 향상되어 결과적으로 상대방을 배려하면서 사회성 발달이 이루어진다.

5. 태극비석치기의 교육적 효과

❶ 태극비석치기는 경기 규칙에 따라 팀이 협동심을 바탕으로 경기해야 한다. 따라서 태극비석치기 경기를 하게 되면 개인과 팀이 융화하는 사회성과 협동심을 몸으로 익히게 된다.

❷ 태극비석치기 경기를 하게 되면 개인주의, 이기주의 등의 인성교육이 부족한 현실에서 태극비석치기는 상대방을 배려하는 마음과 이해심을 가지게 된다.

❸ 태극비석치기는 다양한 전술을 통한 팀의 일체감 형성과 개인의 능력을 배양시켜 자신감을 갖게 하는 경기이다. 따라서 태극비석치기 경기를 하게 되면 자신의 힘으로 일을 처리하는 자립심과 의지력 그리고 자신감을 배울 수 있다.

❹ 태극비석치기는 점수판에 비석을 넣기 위해 창의적인 방법을 강구해야 한다. 따라서 태극비석치기 경기를 하게 되면 점수를 많이 얻는 방법을 생각하면서 합리적이고 창조적인 사람으로 거듭날 수 있다.

❺ 태극비석치기는 운동의 기능을 가지고 있어 태극비석치기 경기를 하기 위하여 참여하게 되면 심신을 강하게 만드는 효과가 있다.

❻ 태극비석치기는 체육수업에 소외되어 왔던 체력이 약한 학생이나 여학생에게 적극적으로 수업에 참여 할 수 있는 기회를 제공하여 '즐거움'과 '참여' 그리고 '체험'하게 된다.

❼ 태극비석치기는 도전, 즐거움, 모험 등을 실현할 수 있는 다양한 프로그램을 제공할 수 있고, 체육수업 프로그램을 다양화 할 수 있는 디딤돌이 된다.

6. 태극비석치기가 뇌에 미치는 효과

뇌는 모든 동물의 머리 부분에 있으며, 신경세포가 집합하여 신경작용의 가장 중심이 되는 부분이다. 사람의 뇌의 무게는 1.3~1.4kg에 지나지 않으며, 몸무게에서 뇌가 차지하는 비율은 1/50 정도 되지만, 우리 몸에서 가장 중요한 일을 수행한다.

인간의 뇌는 모든 행동을 통제하고, 신체 각 부분을 통솔할 뿐만 아니라 학습, 기억, 사고, 문제해결, 감각, 운동 등에 대한 정보처리를 담당하는 신경세포로 구성되어 있는 매우 중요한 기관이다.

뇌는 인체 기관 중에서 가장 복잡한 구조로 되어 있으며, 1,000억 개의 신경세포로 구성되어 신경세포가 밀집되어 있는 신경 덩어리라고 할 수 있다. 신경세포들은 끊임없이 정보를 교환하여 근육과 심장, 소화기관 같은 모든 기관의 기능을 조절할 뿐 아니라, 생각하고 기억하고 상상하는 등 인간의 복잡한 정신활동을 일으킨다. 따라서 뇌는 우리 몸의 모든 기능을 관장하고, 사고하기 때문에 뇌가 조금만 손상을 입으면 그로 인해 영향을 받게 된다.

인간의 뇌는 대뇌, 사이뇌, 소뇌, 중간뇌, 다리뇌, 숨뇌로 나뉘며 그 역할을 보면 다음과 같다.

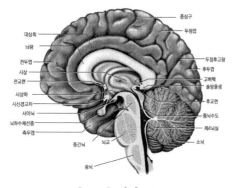

[5-1] 뇌의 구조

1) 대뇌

대뇌는 뇌 중 가장 많은 부분을 차지하며, 좌우 2개의 반구로 구성되어 있다. 표면의 대뇌피질과 내부의 백질로 구성되어 있으며, 신경세포와 신경 교세포라고 하는 세포들이 모여 있다.

대뇌에서 신경세포가 주로 신체활동과 정신활동을 담당하는데, 그 신경세포의 몸체는 주로 뇌의 겉껍질 부분에 모여 있다. 그래서 이 부분을 피질이라고 부르고 약간 회색 기운을 띄고 있어서 회백질이라고도 부른다.

대뇌가 담당하는 것은 감각 기관으로부터 들어온 감각 정보를 분석하고, 운동, 감각, 언어, 기억 및 고등정신기능뿐 아니라 생명유지에 필요한 각성, 자율신경계의 조절, 호르몬의 생성, 항상성의 유지 등의 기능을 수행한다. 따라서 대뇌는 태극비석치기를 하게 되면 운동을 하기 위해서 집중하게 되고, 환경을 분석하며, 비석을 던지는 운동을 하게 되면서 대뇌에 영향을 미치게 된다. 더욱이 태극비석치기는 양손, 양발 운동으로 좌뇌와 우뇌에 좋은 영향을 주게 된다.

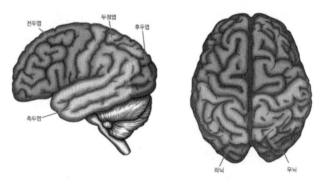

[5-2] 대뇌의 구조

태극비석치기는 전두엽, 두정엽, 후두엽, 측두엽을 자극하여 인지기능을 향상시키며, 치매를 예방하게 된다.

2) 전두엽

전두엽(前頭葉)은 말 그대로 머리 앞부분이라는 뜻으로 이마엽이라고도 한다. 인간의 뇌는 모든 동물 중 전두엽의 비중이 가장 크며 대뇌피질 중에서 가장 최근에 진화된 부분이며, 다양한 고급 기능을 담당한다.

전두엽은 다른 뇌 부위들과 연결되어 주로 인간의 인지와 정서기능을 관여하고, 나머지 뇌 부위를 통제하는 기능을 수행한다. 전두엽의 신경세포들이 주로 하는 일은 기억력, 사고력 등을 주관하고 다른 감각기관으로 부터 들어오는 정보를 조정하고 행동을 조절한다.

태극비석치기를 하게 되면 비석을 던지기 위한 최적의 자세나 방법에 대하여 사고를 하게 되고, 전에 던진 자세나 방법에 대하여 기억해야 함으로 전두엽을 자극하게 된다.

3) 두정엽

두정엽(頭頂葉)은 머리(頭)의 정수리 부분(頂)이라는 의미로 뇌 중에서 가장 상층부에 있기 때문에 마루엽이라고도 한다. 두정엽은 신체를 움직이는 기능뿐 아니라 사고 및 인식 기능 중에서도 수학이나 물리학에서 필요한 입체·공간적 사고와 인식 기능, 계산 및 연상 기능 등을 수행하며, 외부로부터 들어오는 정보를 조합하는 역할을 한다.

특히 오른 쪽 두정엽은 공간을 파악하는 능력을 가지고 있으며. 공간에서 방향이나 위치를 파악하거나, 시계 바늘의 위치를 보고 시간을 파악하는 기능을 담당한다.

태극비석치기를 하게 되면 방향이나 위치 파악이 중요하며, 신체를 움직이게 되고, 비석을 던지는 방법에 대한 공간적 사고를 하게 되고, 횟수나 취득한 점수에 대한 계산을 해야 하기 때문에 두정엽을 자극하게 된다.

4) 측두엽

측두엽(側頭葉)은 양쪽 귀의 위쪽인 이른바 '관자놀이'라고 부르는 부위에 해당하는 영역을 말하기 때문에 관자엽이라고도 한다. 오른쪽 측두엽은 몸의 왼쪽을 통제하고, 왼쪽 측두엽은 몸의 오른쪽을 통제한다. 측두엽은 청각 정보와 후각 정보가 일차적으로 전달되는 영역이며, 기억력, 학습 능력, 언어 능력 등을 담당한다. 왼쪽 측두엽은 언어기억, 단어인식, 읽기, 언어, 감정 등을 담당하며, 오른쪽 측두엽은 음악, 안면인식, 사회질서, 물체인식 등을 담당한다.

태극비석치기는 심판의 지시를 들어야 하기 때문에 청각 정보를 전달하므로 측두엽을 자극하게 된다.

5) 후두엽

후두엽(後頭葉)은 대뇌의 뒤통수 부분에 해당하는 부위에 해당하기 때문에 뒤통수엽이라고 한다. 후두엽은 대뇌에서 가장 작으며, 후두엽에서 처리된 시각정보는 두정엽과 측두엽 두 갈래의 경로로 나뉘어 전달된다.

후두엽은 주로 시각적인 내용을 파악하는 기능을 가지고 있어 눈에서 온 시각정보가 모여서 사물의 위치, 모양, 운동 상태를 분석하고 통합하는 역할을 수행한다. 우리가 사물을 보면서 주변의 물건들을 파악하는 것은 후두엽 때문이다.

태극비석치기를 하기 위해서는 점수판의 위치나 모양, 자신의 던지는 운동에 대하여 분석하고 통합해야 하기 때문에 후두엽을 자극하게 된다.

제3장 태극비석치기 용구와 경기규칙

1. 태극비석치기 용구

1) 비석

비석이라 불리는 돌은 흔히 막자, 목자, 말, 망이라 부르며, 그 형태는 비석 모양이나 장방형의 넓적한 돌이 적당하다. 태극비석치기에서는 건강과 표준화를 위해서 재질은 MDF로 만들며, 가로 7cm×세로 7cm×높이 1.8cm로 만들었다.

[그림 3-1] 비석

2) 점수 기록표

점수 기록표는 선수들의 경기를 진행 할 때마다 점수를 정확하게 기록하여 순위와 등위를 기록한다.

<표 3-1>　개인전 점수 기록표

태극비석치기 개인전 점수 기록표

No :　　소속 :　　　심판 성명 :　　　(인)

번호	성명	1 백연치기	2 현란원어덩치기	3 두번원어덩치기	4 세번원어덩치기	5 멀둥치기	6 깔둥치기	7 무릎치기	8 가랭이치기	9 오금치기	10 손둥치기	11 배둥치기	12 실둥치기	13 치드렁이치기	중간점수
선수 1															
선수 2															
선수 3															
선수 4															
선수 5															
선수 6															
선수 7															
선수 8															
선수 9															
선수 10															

번호	성명	14 어깨치기	15 목치기	16 얼굴치기	17 이마치기	18 등치기	19 머리치기	20 번란원어덩이치기	21 두번원어덩이치기	22 세번원어덩이치기	23 정남	실격횟수	점수	순위	비고
선수 1															
선수 2															
선수 3															
선수 4															
선수 5															
선수 6															
선수 7															
선수 8															
선수 9															
선수 10															

<표 3-2> 단체전 점수 기록표

태극비석치기 단체전 점수 기록표

No :　　소속 :　　　심판 성명 :　　　(인)

팀	번호	성명	1 백면치기	2 한 번 뛰어 던치기	3 멀둥치기	4 깔둥치기	5 무릎치기	6 가랭이치기	7 손둥치기	8 어깨치기	9 머리치기	10 뛰 한 뛰어 얼치기	실격 횟수	합계
1	선수 1													
	선수 2													
	선수 3													
	선수 4													
2	선수 1													
	선수 2													
	선수 3													
	선수 4													
3	선수 1													
	선수 2													
	선수 3													
	선수 4													
4	선수 5													
	선수 6													
	선수 7													
	선수 8													

3) 경기장

　태극비석치기 경기장은 거리판을 깔만한 장소만 3m 정도의 공간만 있으면 실내든 실외든 특별한 제한이 없다.

2. 태극비석치기 경기 규칙

1) 경기 방법

❶ 개인전

- 개인전은 10명 이하의 선수가 참여할 때 사용한다.
- 1팀은 2~5명으로 할 수 있다.
- 먼저 공간의 크기나 난이도에 따라 3m의 거리를 두고 두 개의 선을 긋는다.
- 서로 가위·바위·보로 이기는 팀이 공격을 하고 지는 팀은 수비를 한다.
- 수비하는 편은 바닥에 일정한 간격을 두고 나란히 비석을 세운다.
- 공격하는 편은 출발선에서 차례로 자신의 비석을 던져서 상대의 비석을 맞혀 쓰러뜨린다.
- 단계별로 오른쪽 왼쪽으로 하게 되어 있는 경우에는 자신 있는 쪽 한 가지만 선택해서 던진다.
- 심판은 개인별로 비석을 넘어뜨린 대로 점수를 1점씩 기록한다.
- 심판이 점수를 판정하면 선수는 자신이 던진 비석을 회수한다.
- 비석을 쓰러뜨리지 못한 선수는 실격된다.
- 비석을 쓰러뜨린 선수는 경기를 계속 진행한다.
- 가장 높은 점수를 받은 선수가 승리하는 것으로 한다.

❷ 단체전

- 개인전은 10명 이상의 선수가 참여할 때 사용한다.
- 1팀은 4명으로 한다.
- 먼저 공간의 크기나 난이도에 따라 3m의 거리를 두고 두 개의 선을 긋는다.
- 서로 가위·바위·보로 이기는 팀이 공격을 하고 지는 팀은 수비를 한다.
- 수비하는 편은 바닥에 일정한 간격을 두고 나란히 비석을 세운다.

 - 공격하는 편은 출발선에서 차례로 자신의 비석을 던져서 상대의 비석을 맞혀 쓰러뜨린다.
 - 단계별로 오른쪽 왼쪽으로 하게 되어 있는 경우에는 자신 있는 쪽 한 가지만 선택해서 던진다.
 - 비석을 쓰러 뜨지 못하거나 실격을 당하면 다음 사람에게 기회가 넘어 간다.
 - 비석을 모두 넘어뜨리면 그 다음 단계로 넘어가서 계속 비석치기를 할 수 있다.
 - 세워진 비석이 한 개라도 남아 있거나, 더 이상 던질 사람이 없으면 공격 편은 수비를 하고, 수비편이 공격을 하게 된다.
 - 단계는 1, 3, 4, 5, 6, 8, 9, 13, 14, 17번 등 10단계를 한다.
 - 가장 빨리 17단계까지 도착한 팀이 이기는 것으로 한다.

2) 점수 기록 방법

점수 기록은 단계별로 통과를 하면 점수기록표에 1점으로 표시하고 실격을 하면 / 표시를 한다. 전부 더한 점수가 가장 높은 선수나 팀이 이기는 것으로 한다.

<표 3-3> 점수 기록표

			태극비석치기 단체전 점수 기록표													
			No :	소속 :		심판 성명 :		(인)								
팀	번호	성명	1 박던지기	2 한 번 뛰어 던지기	3 발등치기	4 빨치기	5 무릎치기	6 가랑이치기	7 손등치기	8 어깨치기	9 머리치기	10 세 번 뛰어 떨어치기	실격 횟수	합계
1	선수 1													
	선수 2													
	선수 3													
	선수 4													
2	선수 1													
	선수 2													
	선수 3													

3. 비석치기 방법

1) 막 던지기
① 수비편이 출발선에서 3m의 거리를 두고 선을 긋는다.
② 수비편이 선에 비석을 세운다.
③ 공격편이 순서에 맞게 비석을 던져 세워진 비석을 쓰러뜨린다.

[그림-1] 막 던지기

2) 한 번 뛰어 던지기
① 수비편이 선에 비석을 세운다.
② 공격편은 순서대로 출발선에서 비석을 한 걸음으로 뛰어 갈 수 있는 거리에 던져 놓는다.
③ 비석을 던진 공격편은 한 걸음 뛰어서 비석을 밟는다. 이 때 밟지 못하면 실격이 된다.
④ 공격편은 발로 밟은 비석을 주워 한발로 서서 비석을 던져 세워진 비석을 쓰러뜨린다.

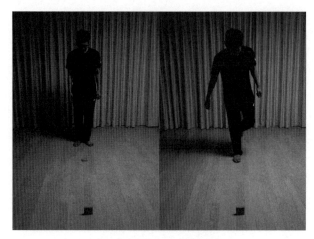

[그림-2] 한 번 뛰기

3) 두 번 뛰어 던지기

① 수비편이 선에 비석을 세운다.

② 공격편은 순서대로 출발선에서 비석을 두 걸음으로 뛰어 갈 수 있는 거리에 던져 놓는다.

③ 비석을 던진 공격편은 두 걸음 뛰어서 비석을 밟는다. 이 때 밟지 못하면 실격이 된다.

④ 공격편은 발로 밟은 비석을 주워 한발로 서서 비석을 던져 세워진 비석을 쓰러뜨린다.

4) 세 번 뛰어 던지기

① 수비편이 선에 비석을 세운다.

② 공격편은 순서대로 출발선에서 비석을 세 걸음으로로 뛰어 갈 수 있는 거리에 던져 놓는다.

③ 비석을 던진 공격편은 세 걸음 뛰어서 비석을 밟는다. 이 때 밟지 못하면 실격이 된다.

④ 공격편은 발로 밟은 비석을 주워 한발로 서서 비석을 던져 세워진 비석을 쓰러뜨린다.

5) 발등치기

① 수비편이 선에 비석을 세운다.

② 공격편은 오른쪽 발 등위에 비석을 올리고 수비편의 비석까지 떨어뜨리지 않고 걸어간다.

③ 수비편의 비석 위에서 비석을 떨어 뜨려 상대방의 비석을 쓰러뜨린다.

④ 비석이 쓰러지면 같은 방법으로 왼쪽 발 등위에 비석을 올리고 수비편의 비석까지 떨어뜨리지 않고 걸어간다.

⑥ 비석을 떨어 뜨려 상대방의 비석을 쓰러뜨린다.

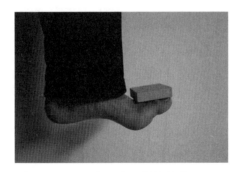

[그림-3] 발등치기

6) 발치기

① 수비편이 선에 비석을 세운다.

② 공격편은 양쪽 발 사이에 비석을 끼운 다음 토끼처럼 깡충깡충 뛰어가서 수비편의 비석 위에 선다.

③ 수비편의 비석 위에서 자신의 비석을 날려 상대방의 비석을 쓰러뜨린다.

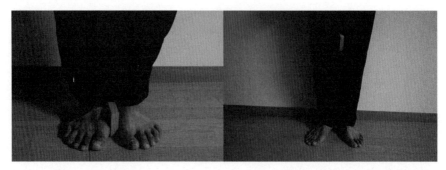

[그림-4] 발치기　　　　　　　　[그림-5] 무릎치기

7) 무릎치기

① 수비편이 선에 비석을 세운다.

② 공격편은 비석을 무릎 안쪽에 끼우고 종종걸음으로 앞으로 가서 수비편의 비석 위에 선다.

③ 수비편의 비석 위에서 비석을 떨어 뜨려 상대방의 비석을 쓰러뜨린다.

8) 가랑이치기

① 수비편이 선에 비석을 세운다.

② 공격편은 비석을 허벅지 안쪽에 끼우고 종종걸음으로 앞으로 가서 수비편의 비석 위에 선다.

③ 수비편의 비석 위에서 비석을 떨어 뜨려 상대방의 비석을 쓰러뜨린다.

[그림-6] 가랑이치기　　　　　　[그림-7] 오금치기

9) 오금치기

① 수비편이 선에 비석을 세운다.

② 공격편은 오른쪽 다리 오금 사이에 비석을 올리고 수비편의 비석까지 떨어뜨리지 않고 걸어간다.

③ 수비편의 비석 위에서 비석을 떨어 뜨려 상대방의 비석을 쓰러뜨린다.

④ 비석이 쓰러지면 같은 방법으로 왼쪽 다리 오금 사이에 비석을 올리고 수비편의 비석까지 떨어뜨리지 않고 걸어간다.

⑥ 비석을 떨어 뜨려 상대방의 비석을 쓰러뜨린다.

10) 손등치기

① 수비편이 선에 비석을 세운다.

② 공격편은 오른쪽 손등 위에 비석을 올리고 수비편의 비석까지 떨어뜨리지 않고 걸어간다.

③ 수비편의 비석 위에서 비석을 떨어 뜨려 상대방의 비석을 쓰러뜨린다.

④ 비석이 쓰러지면 같은 방법으로 왼쪽 손등 위에 비석을 올리고 수비편의 비석까지 떨어뜨리지 않고 걸어간다.

⑥ 비석을 떨어 뜨려 상대방의 비석을 쓰러뜨린다.

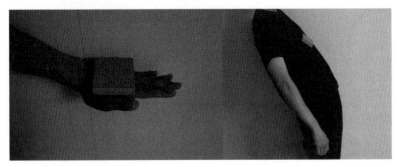

[그림-8] 손등치기   [그림-9] 배꼽치기

11) 배꼽치기

① 수비편이 선에 비석을 세운다.

② 공격편은 비석을 배꼽 위에 올려놓고 앞으로 가서 수비편의 비석 위에 선다.

③ 수비편의 비석 위에서 비석을 떨어 뜨려 상대방의 비석을 쓰러뜨린다.

12) 알통치기

① 수비편이 선에 비석을 세운다.

② 공격편은 오른쪽 손 알통 위에 비석을 올리고 수비편의 비석까지 떨어뜨리지 않고 걸어간다.

③ 수비편의 비석 위에서 비석을 떨어 뜨려 상대방의 비석을 쓰러뜨린다.

④ 비석이 쓰러지면 같은 방법으로 왼쪽 손 알통 위에 비석을 올리고 수비편의 비석까지 떨어뜨리지 않고 걸어간다.

⑥ 비석을 떨어 뜨려 상대방의 비석을 쓰러뜨린다.

[그림-10] 알통치기   [그림-11] 겨드랑이치기

13) 겨드랑이치기

① 수비편이 선에 비석을 세운다.

② 공격편은 오른쪽 겨드랑이 사이에 비석을 끼우고 가서 수비편의 비석까지 걸어간다.

③ 수비편의 비석 위에서 비석을 떨어 뜨려 상대방의 비석을 쓰러뜨린다.

④ 비석이 쓰러지면 같은 방법으로 왼쪽 겨드랑이 사이에 비석을 끼우고 가서 수비편의 비석까지 걸어가 비석을 떨어 뜨려 상대방의 비석을 쓰러뜨린다.

14) 어깨치기

① 수비편이 선에 비석을 세운다.

② 공격편은 오른쪽 어깨 위에 비석을 올리고 수비편의 비석까지 떨어뜨리지 않고 걸어간다.

③ 수비편의 비석 위에서 비석을 떨어 뜨려 상대방의 비석을 쓰러뜨린다.

④ 비석이 쓰러지면 같은 방법으로 왼쪽 어깨 위에 비석을 올리고 수비편의 비석까지 떨어뜨리지 않고 걸어간다.

⑥ 비석을 떨어 뜨려 상대방의 비석을 쓰러뜨린다.

[그림-11] 어깨치기   [그림-12] 목치기

15) 목치기

① 수비편이 선에 비석을 세운다.

② 공격편은 오른쪽 목과 어깨 사이에 끼우고 수비편의 비석까지 걸어간다.

③ 수비편의 비석 위에서 비석을 떨어 뜨려 상대방의 비석을 쓰러뜨린다.

④ 비석이 쓰러지면 같은 방법으로 왼쪽 목과 어깨 사이에 끼우고 수비편의 비석까지 걸어가 비석을 떨어 뜨려 상대방의 비석을 쓰러뜨린다.

16) 얼굴치기

① 수비편이 선에 비석을 세운다.

② 공격편은 오른쪽 뺨에 비석을 올리고 가서 수비편의 비석까지 걸어간다.

③ 수비편의 비석 위에서 비석을 떨어 뜨려 상대방의 비석을 쓰러뜨린다.

④ 비석이 쓰러지면 같은 방법으로 왼쪽 뺨에 비석을 올리고 가서 수비편의 비석까지 걸어가 비석을 떨어 뜨려 상대방의 비석을 쓰러뜨린다.

 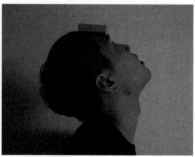

[그림-13] 얼굴치기   [그림-14] 이마치기

17) 이마치기

① 수비편이 선에 비석을 세운다.

② 공격편은 비석을 이마 위에 올려놓고 앞으로 가서 수비편의 비석 위에 선다.

③ 수비편의 비석 위에서 인사를 하듯이 머리를 숙여서 비석을 떨어 뜨려 상대방의 비석을 쓰러뜨린다.

18) 등치기

① 수비편이 선에 비석을 세운다.

② 공격편은 비석을 등 위에 올려놓고 앞으로 가서 수비편의 비석 위에 선다.

③ 수비편의 비석 위에서 비석을 떨어 뜨려 상대방의 비석을 쓰러뜨린다.

[그림-15] 등치기   [그림-16] 머리치기

19) 머리치기

① 수비편이 선에 비석을 세운다.

② 공격편은 비석을 떡장수처럼 머리에 이고 앞으로 가서 수비편의 비석 위에 선다.

③ 수비편의 비석 위에서 비석을 떨어 뜨려 상대방의 비석을 쓰러뜨린다.

20) 한 번 뛰어 밀어치기

① 수비편이 선에 비석을 세운다.

② 공격편은 순서대로 출발선에서 비석을 한 발로 뛰어 갈 수 있는 거리에 던져 놓는다.

③ 비석을 던진 공격편은 한 걸음 뛰어서 비석을 밀어 치기 쉬운 곳에 멈춘다.

④ 공격편은 한발로 서서 발로 비석을 2번을 밀어 세워진 비석에 가까이 간다. 이때 비석까지 한 걸음 뛰어서 도달하지 못하면 실격하게 된다.

⑤ 마지막으로 비석을 밀어 차서 쓰러뜨린다.

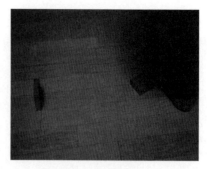

[그림-17] 한 번 뛰어 밀어치기

21) 두 번 뛰어 밀어치기

① 수비편이 선에 비석을 세운다.

② 공격편은 순서대로 출발선에서 비석을 두 걸음으로 뛰어 갈 수 있는 거리에 던져 놓는다.

③ 비석을 던진 공격편은 두 걸음 뛰어서 비석을 밀어 치기 쉬운 곳에 멈춘다.

④ 공격편은 한발로 서서 발로 비석을 1번을 밀어 세워진 비석에 가까이 간다. 이때 비석까지 한 걸음 뛰어서 도달하지 못하면 실격하게 된다.

⑤ 마지막으로 비석을 밀어 차서 쓰러뜨린다.

22) 세 번 뛰어 밀어치기

① 수비편이 선에 비석을 세운다.

② 공격편은 순서대로 출발선에서 비석을 세 걸음으로 뛰어 갈 수 있는 거리에 던져 놓는다.

③ 비석을 던진 공격편은 세 걸음 뛰어서 비석을 밀어 치기 쉬운 곳에 멈춘다.

④ 공격편은 한발로 서서 발로 비석을 밀어 차서 쓰러뜨린다.

23) 장님

① 수비편이 선에 비석을 세운다.

② 공격편은 망을 찾기 쉬운 곳에 던져 놓는다.

③ 망을 던져놓고 눈을 감은 상태에서 걸어가, 망을 찾아 눈을 감은 채로 던져 쓰러뜨린다.

④ 비석을 쓰러뜨리면 다음 순서로 넘어가고, 비석을 다 쓰러뜨리지 못하면 공격권이 수비편에게 넘어간다.

[그림-18] 장님

4. 경기 전 운동

태극비석치기는 양손 운동과 함께 고도의 집중력과 판단력을 높이는 운동이다. 따라서 경기 전에 반드시 스트레칭을 충분히 하는 것이 좋다. 스트레칭은 관절의 가동범위를 향상시키는데 도움이 된다.

1) 서서하는 스트레칭

❶ 다리는 어깨 넓이로 벌리고 양쪽 팔을 위로 올린 후 두 팔을 깍지 긴 상태로 힘을 준다. 두 손을 깍지 긴 채 오른쪽으로 향하고 약 10초간 유지한 후 다시 왼쪽으로 향해 10초간 유지한다.

❷ 양쪽 다리를 어깨보다 넓게 벌리고 무릎을 구부린다. 양손을 양쪽 무릎 위에 올려놓고 앉은 자세를 취한다. 오른쪽 무릎 안쪽을 바깥으로 밀면서 오른쪽 어깨 쪽으로 고개를 돌리고 10초간 유지한다. 같은 방법으로 왼쪽 무릎 안쪽을 바깥으로 밀면서 왼쪽 어깨 쪽으로 고개를 돌리고 10초간 유지한다.

❸ 다리를 어깨 넓이로 벌리고 양 팔을 등 뒤로 가져가 깍지를 낀다. 시선을 위로 향한 채 가슴을 펴고 양팔을 뒤로 깍지 낀 채 들어 올린다. 약 10초간 유지한다.

2) 앉아서 하는 스트레칭

① 양반다리로 앉은 후 허리를 세우고 상체와 얼굴이 일직선이 되게 하여 오른쪽으로 돌린다. 약 10초간 유지한 후 같은 방법으로 왼쪽으로 돌리며 10초간 유지한다.

② 양다리를 앞으로 쭉 펴고 천천히 상체를 앞으로 숙여 양손을 발끝으로 가져간다. 약 10초간 유지한 후 다시 천천히 올라온다.

③ 양다리를 최대한 벌리고 발가락 끝에 힘을 준다. 양팔을 나란히 펴고 왼쪽 팔을 머리 위로 오른쪽 팔은 왼쪽 옆구리를 향한다. 약 10초간 유지한 후 같은 방법으로 반대로 향하고 10초간 유지한다.

5. 심판

심판은 태극비석치기 협회의 규칙에 따라 경기를 관리 운영하는 경기 책임자를 말한다. 심판은 경기 중 점수 기록 및 선수에게 경고를 줄 수 있다. 심판은 선수들과 달리 심판으로 인식될 수 있는 복장을 한다.

1) 심판의 위치
심판은 수비편 비석 우측 100cm지점에 왼발을 일직 선상에 놓고 양 발을 어깨 넓이로 편하게 한다. 선수, 비석의 위치 등을 동시에 잘 볼 수 있도록 몸의 방향을 정한다.

2) 경고
경기의 원활한 진행과 정정 당당한 승부를 위해서 경기 중에 다음과 같은 경우에 심판은 선수에게 경고를 줄 수 있다.

❶ 선수가 비석을 던지는 준비 시간이 1분이 넘는 경우 경고를 준다.
❷ 선수가 임의로 경기를 1분 이상 지연시켰을 때 경고를 준다.
❸ 경기 중 음식을 먹거나 음료를 마실 때, 남에게 음식을 줄 때 경고를 준다.
❹ 경기 중 품위를 손상하는 때 경고를 준다.
❺ 경기 중 경쟁 선수가 비석을 굴릴 때 방해할 때 경고를 준다.
❻ 경기 중 경쟁 선수나 팀을 야유를 할 때 경고를 준다.
❼ 경기 중 욕을 하거나 용구를 함부로 버릴 때 경고를 준다.
❽ 경기 중 심판의 판정에 항의할 때 경고를 준다.

선수가 경기 중 경고를 받게 되면 합산 점수 란에 / 표시를 한다. 한 경기에서 2회의 경고를 받으면 합산 점수에서 1점을 감한다.

3) 수신호

심판의 경기 진행은 수신호로 표현한다.

– 자리 위치 : 비석을 던지는 위치에 서라는 신호는 오른쪽 손바닥을 펼쳐 어깨보다 높게 펼친다.

– 던지기 : 비석을 던지라는 신호는 왼쪽 손바닥을 펼쳐 어깨보다 높게 펼친다.

– 중지 : 경기를 멈추라는 신호는 양손을 위로 올려 맞보게 한다.

– 실격 : 비석을 넘어뜨리지 못한 경우에는 양손을 내려 교차한다.

– 명중 : 비석을 넘어뜨린 경우 오른쪽 손바닥을 펼쳐 어깨보다 45° 위로 펼친다.

– 경고 : 선수의 앞발이 기준선을 밟거나 앞으로 넘어가면 왼쪽 손바닥을 펼쳐 어깨보다 45° 아래로 펼친다.

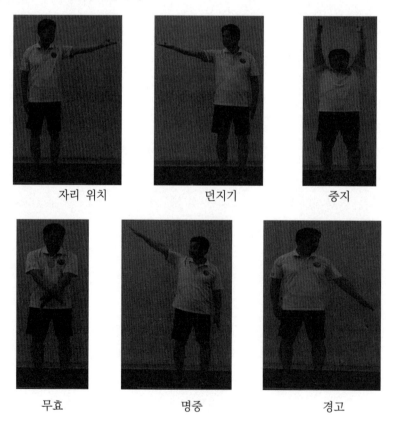

자리 위치　　　　　던지기　　　　　중지

무효　　　　　명중　　　　　경고

6. 팀 편성 방법

운영 본부는 등록 선수들의 등록 자료를 가지고 팀을 편성한다.

❶ 개인전
- 개인전은 10명 이하의 선수가 참여할 때 사용한다.
- 선수를 2~5명씩 한 팀으로 만든다.
- 심판은 개인별로 비석을 넘어뜨린 대로 점수를 1점씩 기록한다.
- 심판이 점수를 판정하면 선수는 자신이 던진 비석을 회수한다.
- 비석을 쓰러뜨리지 못한 선수는 실격된다.
- 비석을 쓰러뜨린 선수는 경기를 계속 진행한다.
- 가장 높은 점수를 받은 선수가 승리하는 것으로 한다.

❷ 단체전
- 한 팀은 4명으로 구성한다.

❸ 토너먼트 경기
참가 인원에 따라 토너먼트 경기로 진행할 수 있다.

7. 태극비석치기 경기 순서

1) 경기 전

❶ 참가 선수 등록

○ 경기 전 15일 내에 참가자는 참가 등록을 완료해야 한다.

○ 참가자 등록 시 신상명세서와 신청서를 낸다.

○ 등록 대상은 선수, 감독, 코치, 임원, 운영요원 등이다.

❷ 참가 선수 준비사항

경기 참가자는 선수명찰 착용하고, 신분 확인 및 부정행위 예방을 위해 주민등록증, 운전면허증, 기타 신분증을 경기 당일 지참해야 한다.

2) 팀 편성

경기에 참가하는 인원 수에 따라 팀을 편성한다.

3) 태극비석치기 용구 설치

경기 당일 날은 용구를 경기장에 설치한다.

❶ 태극비석치기 1세트 설치 : 경기 참가 인원이 10명 이하 인 경우에는 1세트를 설치한다.

❷ 태극비석치기 2세트 설치 : 경기 참가 인원이 20명 이하 인 경우에는 2세트를 설치한다. 세트의 간격은 2m로 한다. 이후 10명 단위로 증가할 때마다 세트를 추가로 설치한다.

4) 선수 준비 사항

❶ 경기에 임하는 선수들은 경기 전에 등록해야 한다.

❷ 명찰과 신원을 확인할 수 있는 신분증을 지참한다.

❸ 심판은 시합 개시 전 신분확인을 한다.

❹ 선수들은 비석을 개인 소장하고 경기를 준비한다.

5) 개회식

❶ 개회식을 선포한다.

❷ 국민의례를 한다.

❸ 경기에 대한 주의사항과 당부 사항을 전달한다.

❹ 경기 시작을 알린다.

5) 심판은 정 위치에 자리한다.

6) 경기 시작

❶ 선수는 정해진 위치로 이동한다.

❷ 순서대로 비석을 던진다.

❸ 점수를 기록하여 승부를 낸다.

7) 경기 종료

❶ 모든 선수들이 비석을 던지고, 점수가 기록되면 경기를 종료한다.

❷ 점수를 합계하여 가장 높은 점수를 받은 개인이나 팀을 1등으로 하고, 차점 순으로 등수를 매긴다.

8) 폐회식

❶ 모든 선수들을 집합시킨다.

❷ 등수에 따라 시상을 한다.

❸ 폐회식을 알린다.

8. 태극비석치기 선수 규칙

❶ 선수는 경기에 임할 때 만나는 모든 사람에게 웃는 얼굴로 반갑게 "안녕하세요"라고 인사를 나눈다.

❷ 정해진 시간을 철저히 엄수하여 다른 사람들이나 경기 진행에 해를 끼치지 않도록 한다.

❸ 경기의 원활한 진행을 위해서는 경기용품의 준비는 물론, 진행자와 심판의 지시를 잘 따라야 한다.

❹ 시합 중에는 지나친 경쟁심보다는 상대 선수를 배려하는 예의 바른 경기를 해야 한다.

❺ 경기 중에 실수하거나 낮은 점수를 받은 선수에게는 질책하지 말고, 격려를 한다.

❻ 상대 선수가 높은 점수를 얻으면 박수로 축하해 준다.

❼ 경기 중에는 규칙을 준수하며, 신속한 경기 진행을 위해서 노력한다.

❽ 경기가 끝난 후에 경기장의 정리는 물론 쓰레기를 치워야 한다.

❾ 태극비석치기 용구는 소중하게 다루고 분실되지 않도록 한다.

❿ 시상식에서 승패와 관계없이 이긴 선수를 칭찬하고, 진 선수에게는 격려를 해준다.

부록

태극비석치기 경기 운영 계획서

1. 행사 개요

가. 행사명 : "전국 태극비석치기 경기"

나. 기 간 : 2019. 11. 13(목) 10:00~17:00

다. 장 소 : 00 노인정

라. 주 최 : 한국 태극비석치기 협회 00지부

마. 주 관 : 한국 태극비석치기 협회

바. 참가대상 : 남녀노소

아. 참가인원 : 300명

2. 경기 규정

가. 경기종목 : 단체전

나. 팀 구 성 : 10명 단위로 팀 구성

다. 경기 규칙 : 경기 및 심판규정은 대한 태극비석치기 협회의 경기규칙을 적용

라. 경기 방법 : 가장 높은 점수를 받은 팀이 우승

3) 운영 계획

구분	경기시간	내용
등록	10:00 ~ 10:30	00노인정
개회식	10:30 ~ 11:00	
경기	11:00 ~ 12:00	단체전
	12:00 ~ 13:00	중식
	13:00 ~ 16:30	단체전
폐회식	16:00 ~ 17:00	폐회식

4) 시상 내역

구분	순위	시상내용			비고
		상장	트로피	상금	우승기
시상	종합우승	○	○	00만원	
	준우승	○	○	00만원	
	3위	○	○	00만원	

태극비석치기 경기 참가 신청서

구분	성명	주민등록번호	성별	주소	전화번호
대표		-			
선수 1		-			
선수 2		-			
선수 3		-			
선수 4		-			
선수 5		-			
선수 6		-			
선수 7		-			
선수 8		-			
선수 9		-			
선수 10		-			
후보		-			

태극비석치기 개인별 점수 기록표

No : 소속 : 심판 성명 : (인)

번호	성명	1 말뚝치기	2 한발뛰어치기	3 두발뛰어치기	4 세발뛰어치기	5 발등치기	6 발치기	7 무릎치기	8 가랑이치기	9 오금치기	10 손등치기	11 배꼽치기	12 열중치기	13 전드려치기 중간개수
선수 1														
선수 2														
선수 3														
선수 4														
선수 5														
선수 6														
선수 7														
선수 8														
선수 9														
선수 10														

번호	성명	14 어깨치기	15 목치기	16 얼굴치기	17 이마치기	18 넘겨치기	19 머리치기	20 한발뛰어던지기	21 두발뛰어던지기	22 세발뛰어던지기	23 정심	실제점수	점수	순위	비고
선수 1															
선수 2															
선수 3															
선수 4															
선수 5															
선수 6															
선수 7															
선수 8															
선수 9															
선수 10															

태권바싹기 단체전 점수 기록표

No : 소속 : 심판 성명 : (인)

번호	성명	1 막기차기	2 턴트위스트차기	3 발돌기	4 발차기	5 무릎차기	6 가위차기	7 손동차기	8 아래차기	9 뛰기차기	10 세트위스트돌리기	실격 감점	합계
1	선수 1												
	선수 2												
	선수 3												
	선수 4												
2	선수 1												
	선수 2												
	선수 3												
	선수 4												
3	선수 1												
	선수 2												
	선수 3												
	선수 4												
4	선수 5												
	선수 6												
	선수 7												
	선수 8												

한국태극비석치기협회 정관

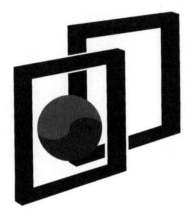

한국태극비석치기협회
Korea Taigeug Biseok Chigi Association

한국태극비석치기협회 정관

2018년 8월 30일

제1장 총 칙

제1조 (명칭) 본 협회는 한국태극비석치기협회[韓國碑石치기協會; Korea Taigeug Biseok Chigi Association](이하 "협회"라 한다)라 칭한다.

제2조 (목적) 본 협회는 전통체육인 태극비석치기를 국내·외에 널리 보급하고, 국민의 건강 증진 및 활기찬 여가생활을 도모하고, 명랑하고 밝은 대한민국 건설에 이바지함을 목적으로 한다.

제3조 (사무소) 본 협회의 사무소는 서울에 둔다.

제4조 (사업) 본 협회는 제2조의 목적을 달성하기 위하여 다음의 사업을 한다.
① 연간 사업계획의 수립, 시행
② 태극비석치기의 개발 및 보급
③ 태극비석치기 대회의 개최 및 주관
④ 태극비석치기 보급 확산을 위한 지사 설립
⑤ 태극비석치기 보급 확산을 위한 홍보 및 용구 공급
⑥ 각종 체육 관련 단체나 사회 단체와의 유대강화
⑦ 학교 스포츠 활성화를 위한 교직원 연수 및 스포츠 강사교육
⑧ 노인 사회체육 활성화를 위한 전문가 연수 및 강사 교육
⑨ 분과 협회나 프로그램의 컨설팅 및 홍보지원
⑩ 기타 생활체육 활성화 및 본 협회 발전에 필요한 사업

제2장 권리와 의무

제5조 (권리) 본 협회는 다음의 각호에 규정한 권리를 가진다.

① 본 협회의 사업을 시행하고, 총회에서 결정된 안건을 실행한다.

② 한국전통체육연합회에 대의원을 파견하여 발언권 및 의결권을 갖는다.

③ 한국전통체육연합회에 대하여 건의 및 소청할 수 있다.

④ 한국전통체육연합회가 주최, 주관 및 승인하는 사업에 참가할 수 있다.

⑤ 한국한타협회에서 주관하는 사업을 시행할 수 있다.

⑥ 새로운 프로그램을 개발하고, 보급한다.

제6조 (의무) 본 협회는 다음 각 호에 규정하는 의무를 가진다.

① 본 협회 규정 및 총회에 의결된 사항을 준수해야 한다.

② 본 협회의 발전과 산하 분과 협회의 발전을 위해 노력해야 한다.

③ 사업계획서 및 예산서와 전년도 사업보고서 및 결산서를 본 협회 총회 종료 후 10일 이내에 협회에 제출하여 보고하여야 한다.

④ 회원은 정하는 회비를 납부하여야 한다.

제3장 회 원

제7조 (회원의 구성과 가입요건) 본 협회의 회원은 다음과 같이 구성하며 각 호와 같은 가입요건을 갖추어야 한다.

① 본 협회의 회원은 본 협회 활동에 참가를 희망하는 단체(이하 "동호회"라 한다) 및 정회원, 준회원 그리고 본 협회 임원으로 한다.

② 정회원은 1인당 연간 20,000원의 회비를 납부하여야 한다.

③ 준회원은 1인당 연간 10,000원의 회비를 납부하여야 한다.

④ 동호회는 10명 이상의 정회원으로 구성되어야 한다.

⑤ 개인의 동호회 등록은 각 분과협회 별로 해야 하며, 다른 협회와 중복이 가능하다.

제8조 (가입신청 및 시기) 본 협회 회원에 가입하고자 하는 동호회 및 개인은 가입신청서를 본 협회에 제출하거나 한국태극비석치기협회 홈페이지에 등록하여야 한다.

① 동호회의 가입신청서에는 단체명, 운동장소, 회원의 신상명세, 부수를 명기하여야 한다(제1호 서식).

② 개인회원의 가입신청서에는 가입 분과 협회명, 성명, 운동장소, 신상명세를 명기하여야 한다(제2호 서식).

③ 회원가입은 수시로 가능하다.

제9조 (회원의 권리) 본 협회 회원은 다음 각 호에 규정한 권리를 가진다.

① 정회원은 본 협회가 주관하는 각종 대회에 참가할 수 있으며, 선발전을 거쳐 각 시도 대표선수로서의 자격을 가질 수 있다.

② 준회원은 본 협회가 주관하는 각종 대회에 참가할 수 있는 자격을 갖는다. 단, 일부 대회에는 제한을 받을 수도 있다.

제10조 (회원의 의무) 본 협회 회원은 본 협회에 대하여 다음 각 호에 규정한 의무를 가진다.

① 본 협회의 정관 및 총회에서 의결된 사항을 준수하여야 한다.

② 본 협회의 규정과 의결된 사항을 준수하여야 한다.

③ 본 협회가 정한 소정의 회비나 참가비를 납부하여야 한다.

제11조 (탈퇴요건) ① 본 협회에 가입한 회원이나 동호회는 임의로 탈퇴할 수 있으며, 이는 본 협회 이사회의 의결로써 확정되고 이를 차기 이사회에 보고하여야 한다.

② 다음 각 호에 해당하는 회원단체는 본 협회 이사회의 의결을 거쳐 탈퇴케 할 수 있다.

1. 회원단체가 해산하거나 탈퇴를 요청하였을 경우

2. 동호회로서 존속할 필요성이 인정되기 곤란한 경우

3. 본 협회의 규정과 의결된 사항을 준수하지 않거나 제 규정을 위배하였을 경우

제4장 조 직

제12조 (조직) 한국태극비석치기협회의 조직은 회장을 중심으로 부회장단과, 이사회와 교육연수원을 두고, 지부와 전문분과위원회를 두고 예하에 사무국을 둔다.

① 이사회 : 한국태극비석치기협회의 발전을 위하여 협회의 사무를 처리하며, 태극비석치기 협회를 대표하여 협회의 발전에 기여하고, 협회의 행사에 참여하고, 회의에 참가한다. 이사회에는 경기이사, 심판이사, 재무이사, 교육이사, 시설이사, 홍보이사, 의전이사, 윤리이사, 국제교류이사, 자원봉사이사 등을 둔다.

② 교육연수원

교육연수원의 정책을 개발하고, 회원과 심판의 전문성을 교육하기 위하여 교육과 연수를 담당한다.

③ 지부

전국과 해외에 지부를 두고, 회원 모집과 관리, 용구의 공급, 프로그램의 공급, 경기 개최, 지도자 양성을 한다.

④ 전문분과위원회

아동, 청소년, 성인, 노인, 장애인, 외국인 분과로 나누며, 협회와 프로그램의 발전을 위하여 지속적인 프로그램을 개발한다.

⑤ 사무국

한국태극비석치기협회의 운영에 필요한 행정업무와 회장단을 지원하는 역할을 한다. 사무국에는 사무총장을 두고, 그 아래에는 협회에 대한 전반적인 홍보기획을 하는 분과, 경기 운영을 담당하는 분과, 조직관리를 하는 분과를 둔다.

제5장 임 원

제13조 (임원의 종류와 정수) 본 협회는 다음의 임원을 둔다.

① 선임임원 : 이사 20인 이내(회장 1인, 부회장 약간 명 포함), 감사 2인

② 위촉임원 : 명예회장 약간 명, 고문 약간 명, 전문분과 자문위원 약간 명, 교육연수원장

③ 지부장

제14조 (임원의 임기) ① 이사의 임기는 2년, 감사의 임기는 2년으로 하되 연임할 수 있다.

② 임기의 기산은 일수를 기준으로 하지 않고 정기총회 마지막 일을 기준으로 한다.

③ 보선된 임원의 임기는 전임자의 잔여기간으로 하고 증원으로 인한 임원의 임기는 타 임원과 동일하다.

④ 임원의 임기 중 회장, 부회장을 포함한 전 임원이 개선될 경우 잔여 임기가 1년 이상일 때는 신임 임원 임기는 전임자의 잔여기간으로 하고, 1년 미만일 때는 전임자 잔여기간과 정규임기를 가산한 것으로 한다.

⑤ 임원의 임기가 만료된 경우에도 후임자가 취임하기 전까지는 그 직무를 집행하여야 한다.

⑥ 위촉임원의 임기는 선임임원의 임기에 준한다.

제15조 (선임임원의 선출방법)

① 회장은 대의원총회에서 선출한다.

② 부회장은 이사회에서 호선한다.

③ 사무총장은 회장이 직접 선임하고 이사회에서 승인한다.

④ 이사는 회장이 임명하여 대의원총회에서 승인을 받아야 한다. 단, 회장은 당연직 이사이다.

⑤ 감사는 총회에서 선출하되 대의원은 감사 외의 선임임원에 피선될 수 없다.

⑥ 회장, 감사를 제외한 이사 임기 중 결원이 있거나 충원이 필요할 때에는 이사회에서 이를 보선할 수 있다. 이 경우 차기 총회에 이를 보고하여야 한다.

제15조 (위촉임원의 선출방법) 위촉임원은 필요에 따라 둘 수 있되, 이사회의 동의를 얻어 회장이 위촉한다.

제16조 (임원의 직무) ① 회장은 본 협회를 대표하고 회무를 총괄하며 총회, 이사회의 의장, 분과 협회장이 된다.

② 부회장은 회장을 보좌하고 회장 유고시에는 회장이 지명하는 부회장이 회장의 직무를 대리한다.

③ 회장 궐위 시는 부회장 중 연장자 순에 의거 회장의 직무를 대행하며 부회장 전원이 궐위될 경우는 출석이사 중 연장자 사회아래 직무대행자를 선출한다.

④ 회장이 궐위된 경우, 회장의 잔여임기가 3개월 미만인 경우에는 회장을 선출하지 아니하고 잔여임기가 6개월 이상인 경우에는 제③항에 의한 업무대행자가 60일 이내에 총회를 개최하여 회장을 선출해야 한다.

⑤ 이사는 이사회를 구성하고 이사회에 출석하여 본 협회와의 업무에 관한 사항을 의결하며, 이사회 또는 회장으로부터 위임받은 사항을 처리한다.

⑥ 위촉임원은 회장 자문 역할을 하며, 이사회에 출석하여 의견을 진술할 수 있다.

⑦ 임원이 해당 본 협회 직무수행과 관련된 범죄사실로 기소되었을 경우 그 직무가 정지된다. 다만, 다음 각 호의 경우는 그러하지 아니한다.

1. 기소된 범죄사실의 법정형이 벌금형만 있는 경우

2. 약식명령이 청구된 경우

3. 과실범으로 기소된 경우

⑧ 임원이 본 협회 직무 수행 이외의 범죄사실로 공소 제기된 후 구금상태에

있는 경우 그 직무는 정지된다.

　　제17조 (임원의 회비) 임원은 다음 각 호의 회비를 이사회가 정한 기한 내에 납부하여야 하며 납부하지 않을 경우 이사회 의결로써 임원의 자격을 상실케 할 수 있다.

　　① 회장은 연간 100만 원 이상의 회비를 납부한다.

　　② 부회장은 연간 50만원의 회비를 납부한다.

　　③ 이사는 연간 30만원의 회비를 납부한다.

　　제18조 (감사의 직무) ① 본 회의 재산상황을 감사하는 일

　　② 이사회의 운영과 그 업무를 감사하는 일

　　③ 본 협회 재산상황 또는 총회 및 이사회의 운영과 업무 전반에 관하여 회장과 이사회 또는 총회에서 의견을 진술하는 일

　　④ 제①호 및 제②호의 감사결과 부정 또는 부당한 점이 발견될 때에는 이를 이사회 또는 총회에 그 시정을 요구하고, 시정되지 않을 때에는 본 협회 회장에게 보고하는 일

　　⑤ 제④호의 보고를 위하여 필요한 때에는 이사회 또는 총회의 소집을 요구하는 일

　　제19조 (임원의 결격사유) 다음 각 호의 1에 해당하는 자는 본 협회의 임원이 될 수 없다.

　　① 대한민국 국민이 아닌 자

　　② 금치산자 또는 한정치산자

　　③ 파산선고를 받은 자로서 복권되지 아니한 자

　　④ 금고이상의 형을 선고받고 그 집행이 종료되거나 집행을 받지 아니하기로 확정된 날로부터 3년이 경과되지 아니한 자

　　⑤ 법률 또는 법원의 판결에 의하여 자격이 상실 또는 정지된 자

　제20조 (임원의 보수) 임원은 무보수 명예직으로 하며 업무수행에 필요한 최소한의 판공비와 실비는 지급할 수 있다.

제6장 대의원총회

　제21조 (구성과 자격) ① 대의원총회는 각 지부장이나 회장이 추천한 각 1인의 대의원으로 구성한다.
　② 정회원 20인 이상으로 구성된 동호회에서 대의원을 1인 추천할 수 있다.
　③ 지부가 형성되기 전까지는 회장, 부회장, 이사들이 참여한다.
　④ 대의원의 자격은 당해 정기 총회로부터 2년으로 한다.

　제22조 (기능) 대의원 총회는 본 협회의 최고 의결기관으로써 다음사항을 의결한다.
　① 임원 선출에 관한 사항
　② 규정 변경에 관한 사항
　③ 예산 및 결산의 승인
　④ 사업계획 및 사업실적 보고의 승인
　⑤ 기타 중요한 사항

　제22조 (소집) ① 대의원 총회는 정기총회와 임시총회로 나누며, 회장이 이를 소집한다. 정기총회는 매 회계연도 종료 후 1개월 이내에 개최한다.
　② 임시총회는 이사회의 결의 또는 대의원 3분의 1이상의 서면 요청이 있을 때 소집하며, 2주일 이내에 이를 소집하여야 한다.
　③ 총회소집은 토의사항을 명기하여 7일전에 통지하여야 한다. 다만, 긴급하다고 인정되는 정당한 사유가 있을 때에는 예외로 한다.

　제23조 (총회소집의 특례) ① 회장은 다음 각 호의 1에 해당하는 소집요구가 있을 때에는 소집요구일로 부터 15일 이내에 총회를 소집하여야 한다.

1. 재적이사 과반수가 회의의 목적을 제시하여 소집을 요구한 때
2. 대의원 3분의 1 이상이 회의의 목적을 제시하여 소집을 요구한 때

② 총회 소집권자가 궐위되거나 또는 이를 기피함으로써 총회소집이 불가능할 때에는 재적이사 3분의 2 이상 또는 대의원 3분의 1 이상의 찬성으로 회장의 승인을 받아 총회를 소집할 수 있다.

제24조 (의장의 표결권) 회장이 의장직을 맡을 때는 의결 시 표결권 및 결정권을 행사할 수 없고, 임시의장이 선출될 때는 표결권을, 가부 동수일 때는 결정권을 가진다.

제25조 (총회의결 제척사유) 의장 또는 대의원이 자신의 해임에 관한 사항이나 재산의 수수를 수반하는 사업으로 자신과 본 협회의 이해가 상반되는 사항은 그 의결에 참여하지 못한다.

제26조 (의사 및 의결 정족수) ① 총회는 재적대의원 과반수의 출석으로 개회한다.

② 총회의 의사표결은 본 정관에 특별히 규정한 것을 제외하고는 출석한 대의원의 과반수 찬성으로 의결한다.

③ 임원선출과 관련하여 출석한 대의원 과반수 찬성으로 선출한다.

제27조 (서면결의) 회장은 총회에 부의할 사항 중 긴급을 요하는 사항에 관해서는 이를 서면결의에 부의할 수 있다. 이 경우 회장은 그 결과를 차기 총회에 보고하여야 한다.

제28조 (포상 및 징계) 국민생활체육 태극비석치기 발전에 기여한 공적이 현저한 단체 및 개인을 포상하며 비리가 있는 협회나 회원단체 및 개인을 징계할 수 있다.

① 포상은 국민생활체육이나 태극비석치기 발전에 기여한 공적이 현저한 협

회나 동호회 및 개인을 포상하되 이사회의 추천으로 이사회 의결로 결정한다.

② 징계는 국민생활체육 발전에 해를 끼치거나 불이익을 초래한 협회임원 및 개인을 회장이 이사회의 의결을 얻어 징계 할 수 있다.

제29조 (임원의 불신임) ① 총회는 임원에 대하여 부분적 또는 전체적으로 해임을 의결할 수 있다.

② 해임 안은 재적대의원 3분의 1이상의 찬성으로 발의되고 재적 대의원 3분의 2 이상 찬성으로 의결한다.

③ 해임 안이 의결되었을 때에는 당해 임원은 즉시 해임된다.

④ 해임 안이 의결되면 총회는 즉시 선임임원을 선출하여 본 협회의 업무수행에 차질이 없도록 해야 한다.

제30조 (임원의 발언권) 임원은 총회에 출석하여 의견을 진술하고 질문에 응답 할 수 있다.

제7장 이 사 회

제31조 (구성) 이사회는 회장, 부회장 및 이사로 구성하며 본 협회의 최고 집행기관이다.

제32조 (기능) 이사회는 다음 각 호의 사항을 처리, 집행한다.

① 협회업무집행에 관한 사항

② 사업계획의 운영에 관한 사항

③ 예산안 및 결산에 관한 사항

④ 규정 개정안 작성에 관한 사항

⑤ 분과 협회 및 지사의 조정 및 통할에 관한 사항

⑥ 총회에서 위임받은 사항

⑦ 총회 부의 사항의 작성 및 상정

⑧ 사무총장에 대한 임면동의

⑨ 기타 중요사항

제33조 (의사 및 의결 정족수) ① 이사회는 재적이사 과반수의 출석으로 성원된다.

② 이사회의 표결은 출석한 이사의 과반수 찬성으로 결의한다.

③ 의장은 의결에 있어 표결권을 가지며, 가부 동수일 경우에는 결정권을 가진다.

제34조 (소집) ① 이사회는 필요에 따라 회장이 소집한다.

② 이사회의 의장은 회장, 부회장 및 선임이사 순으로 한다.

제35조 (소집의 특례) ① 회장은 재적이사 과반수가 회의의 목적을 제시하여 소집을 요구한 때 소집요구일로부터 15일 이내에 이사회를 소집하여야 한다.

② 이사회의 소집권자가 궐위되거나 또는 이를 기피함으로써 15일 이상 이사회 소집이 불가능할 때에는 재적이사 3분의 2이상 또는 회장의 승인을 받아 소집할 수 있다.

제36조 (긴급처리) 회장은 그 내용이 경미하거나 또는 긴급하다고 인정될 때에는 이를 집행할 수 있다. 다만, 즉시 소집되는 이사회에 이를 보고하여 승인을 받아야 한다.

제8장 운영위원회

제37조 (구성) 본 협회의 원활한 운영을 위하여 임원중에서 다음 각 호로 구성된 운영위원(장)을 둔다.

① 회장

② 수석부회장

③ 부회장

④ 사무총장

⑤ 경기이사(위원장)

⑥ 심판이사(위원장)

⑦ 재무이사(위원장)

⑧ 교육이사(위원장)

⑨ 시설이사(위원장)

⑩ 홍보이사(위원장)

⑪ 의전이사(위원장)

⑫ 윤리이사(위원장)

⑬ 국제교류이사(위원장)

⑭ 자원봉사이사(위원장)

제38조 (기능) 운영위원회는 다음 각 호의 사항을 처리, 집행한다.

① 긴급현안처리

② 간단한 사업 및 계획 승인

③ 각종 물품구매에 대한 적정성 검토

④ 본 협회 주최, 주관 대회요강 심의

⑤ 출전선수의 자격 및 주심·부심 심의

⑥ 부정선수에 관한 사항

⑦ 경기운영의 분쟁사항에 따른 심의 및 결정

제9장 재산 및 회계

제39조 (재산의 구분) ① 본 협회의 재산은 기본재산과 보통재산으로 구분하며 다음 각 호에 해당 하는 재산은 기본재산으로 한다.

1. 회비

2. 기금

3. 대회참가비

4. 체육회 지원금

5. 이사사회의 결의에 의하여 기본재산으로 편입되는 자산

② 본 협회의 재산 중 전항 각호 이외의 재산은 보통재산으로 한다.

③ 기부금품은 기부하는 자의 지정에 따른다.

제40조 (재정) 본 협회가 제5조의 사업을 수행하기 위하여 지출하는 경비는 다음 수입금으로 충당한다.

① 정부 및 공공단체의 보조금

② 회원 및 임원의 회비

③ 기부금 및 찬조금

④ 광고홍보비 및 대회참가비

⑤ 용구 판매 수입금

⑥ 심판과 지도자 양성 교육비

⑦ 교육자격증 발급비

⑧ 기타 수익금

제41조 (지출) 본 협회의 발전을 위해 지급하는 비용은 다음과 같다.

① 각종 회의에 들어가는 비용

② 분과 협회 행사 참가비

③ 프로그램 개발 및 보급에 들어가는 비용

④ 광고홍보비

⑤ 사무국 직원 임금

⑥ 회장 판공비

⑦ 기타(총회에서 지출이 필요하다고 하는 비용)

제42조 (잉여금의 처리) 본 협회의 매 회계연도 결산상 잉여금은 다음 순으

로 처리한다.

① 이월 결손금의 보존

② 차기 회계연도 목적사업비로 이월

③ 기본재산으로 편입시키기 위한 적립

제43조 (재산관리) 본 협회의 기본재산을 양도, 증여 또는 용도변경 하거나 담보에 제공 하고자 할 때 또는 의무의 부담이나 권리를 포기하고자 할 때에는 이사회 또는 총회의 승인을 얻어야 한다.

제44조 (예산 및 결산의 승인) ① 본 협회의 사업계획과 예산안은 회장이 매 회계연도 마다 편성하여 이사회 및 대의원총회의 의결을 거쳐 승인을 받아야 한다.

② 본 협회의 사업보고 및 결산은 회계연도 종료 후 1개월 이내에 회장이 작성하여 재산 증감 사유서와 감사의 의견서를 첨부 보고하여야 한다.

③ 본 협회가 예산외의 재무 부담을 하고자 할 때에나 불가피한 사정으로 사업계획을 변경하고자 할 때에는 이사회 또는 대의원총회의 의결을 거쳐 승인 받아야 한다.

제45조 (회계연도) 본 협회의 회계연도는 정부의 회계연도에 따른다.

제46조 (기금 및 적립금) ① 본 협회의 이사회 의결을 거쳐 특별한 목적을 위한 기금을 조성하거나 적립금을 둘 수 있다.

② 전항의 기금 및 적립금은 특별회계로 한다.

부 칙

제1조 (시행일) 본 규정은 한국태극비석치기협회 이사회의 승인을 받은 날로부터 시행한다.

제정일 2018년 8월 30일

태극비석치기협회 회원가입 신청서

가입협회	□ 한국태극주머니협회 □ 한국태극타구협회 □ 한국태극민턴협회 □ 한국태극투호협회			
접수구분	□ 정회원 □ 준회원	접수일자	201 . .	
회원구분	□ 신규 □ 기존	접수번호		
성 명	한 글	영 문		
생년월일		일반전화	( ) -	
구 분	□ 미혼 □ 기혼	휴대폰	( ) -	
주 소			□□□-□□□	
이 메 일		생일	. . (양, 음)	
자격보유사항	자 격 종 류		시 행 처	

작성 규정

- 신규 가입시 ▢ 안은 필수 정보입니다.

- 회비는 환불하지 않습니다. 단 다른 분에게 양도가 가능합니다.
- 회원은 협회의 규정과 내규에 준수해야 합니다.

본 신청인은 회원가입을 신청합니다.

201 년   월   일   신청인 :   (인)

태극비석치기 심판 자격관리 · 운영 규정

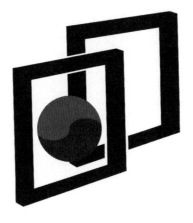

한국태극비석치기협회
Korea Taigeug Biseok Chigi Association

제1장 총 칙

제1조(목적) 이 규정은 태극비석치기 심판 자격검정의 관리 감독·운영에 필요한 사항을 규정함에 있어 공정한 심사·자격기준 정함을 목적으로 한다.

제2조(정의) 이 규정에서 사용하는 태극비석치기 심판은 태극비석치기 심판 자격시험에 합격한 자를 말하며, 태극비석치기에 대한 전문적인 지식을 갖추고 경기 지도 및 교육프로그램을 활용 및 운영할 수 있는 전문가를 의미한다.

제2장 관리 조직

제3조(검정인력 검정조직의 업무분담) 검정은 검정관리팀장을 두어 검정관리 전반을 담당하도록 하며, 팀장이하 검정기획담당, 출제, 검정관리담당을 두어 자격검정을 운영한다.

제4조(검정인력) 검정은 검정관리전반을 담당하도록 하며, 팀장이하 검정기획담당, 인쇄담당, 검정관리담당을 두어 검정을 운영한다.

제5조(검정조직의 업무분담) 검정관리팀은 다음과 같이 업무를 분담하여 수행한다.
 ① 검정기획담당자는 다음 각 호의 업무를 수행한다.
 1. 검정 시행계획의 수립 및 공고 등에 관한 사항
 2. 원서접수·시험장소 및 시험감독 등에 관한 사항
 3. 민간자격취득자 관리 및 자격증 교부•관리에 관한 사항
 4. 검정업무 지도·감독에 관한 사항
 5. 검정업무 제도개선에 관한 사항
 6. 민간자격검정사업의 회계처리에 관한 사항
 7. 그 밖에 민간자격 검정의 관리•운영에 관한 사항

② 출제 담당자는 다음 각 호의 업무를 수행한다.

1. 검정 출제기준의 작성 및 변경에 관한 사항

2. 검정의 필기·실기 시험문제의 출제, 관리 및 인쇄에 관한 사항

3. 합격발표에 관한 사항

③ 검정관리 담당자는 다음 각 호의 업무를 수행한다.

1. 원서접수·시험장소 및 시험감독 등에 관한 사항

2. 자격취득자 관리 및 자격증 교부·관리에 관한 사항

3. 검정의 집행(수험원서 접수, 감독위원등의 배치, 시험장 설치, 검정 시행 등)에 관한 사항

4. 자격취득자 사후관리에 관한 사항

제3장 자격의 검정

제6조(검정기준) ① 태극비석치기 심판은 태극비석치기에 대한 이론과 실기를 겸비하고 지도자의 소양과 자질을 갖추고 있어야 하며, 태극비석치기 교육프로그램을 활용 및 운영할 수 있는 능력 유무를 기준으로 하여 등급별 검정기준을 정한다.

③ 태극비석치기 심판의 등급별 검정기준은 다음과 같다.

등급		검정기준
태극비석치기심판	1급	전문가 수준의 태극비석치기 운동경기 이론 및 실기의 능력을 갖추고 심판으로서 인격적인 양심과 객관적 판단력을 갖춘 최고 수준.
	2급	일반적인 수준의 태극비석치기 이론 및 실기의 능력을 갖추고 경기운영에 대한 수신호 숙지 여부와 객관적 판단력을 갖춘 수준.

제7조(검정방법 및 검정과목) 태극비석치기 심판 및 심판 자격증의 검정과목

과 과목별 주요내용은 다음과 같다.

– 검정방법 및 검정과목 / 실기 *필기 100점 만점, 실기 수준평가 A~D등급

등 급		검정방법		검정 과목	합격 기준	시험시간 (필기,실기)
태극비석치기심판	1급	필기	주관식	· 태극비석치기 경기운영에 대한 숙련성 · 태극비석치기 경기운영 중 문제해결방법	필기 80점 이상	(각 30분 총 60분)
		실기	시연 및 발표	· 태극비석치기 경기운영 능력 평가 · 일반심판 교육에 대한 강의 교수법	실기 B등급 이상	
	2급	필기	주관식	· 태극비석치기 경기운영에 대한 심판의 역할 · 심판의 판정기준과 반칙기준 판단	필기 70점 이상	(각 30분 총 60분)
		실기	시연 및 발표	· 태극비석치기 주심, 부심의 역할 실기 · 태극비석치기 경기 규칙과 경기운영 요령 평가	실기 B등급 이상	

제8조(응시자격)

1. 만 18세 이상인자

2. 성별, 연령, 학력 제한 없음

등 급		응시자격
태극비석 치기심판	1급	태극비석치기 1급 심판은 일반심판 취득 후 1년이 경과된 자로 이론교육 3시간과 실기교육 5시간 이상 교육이수
	2급	태극비석치기 2급 심판은 태극비석치기지도자로 3개월 이상 활동 후 이론교육 2시간 이상과 실기교육 5시간 이상 교육이수

제9조(시험위원) 태극비석치기 심판 자격검정시험 위원은 출제위원과 감독위원으로 구성되며, 각 위원의 역할과 준수사항은 다음 각 항과 같다.

1. 출제위원은 출제위원으로 임명받은 당 해 연도 태극비석치기 심판 자격검정시험 문제를 출제한다.

2. 출제위원은 출제한 문제와 정보에 대해 출제하고 누구에게도 유출하여서는 아니 되며, 유출 시 모든 법적책임을 진다.

3. 시험감독 위원은 태극비석치기 심판 자격검정시험을 감독하며, 응시자 유의사항을 준수하지 않는 응시자에 대해 적법한 제제를 가한다.

제10조(유효기간) 태극비석치기 심판 자격은 유효기간 없이 취득 시 부터 평생으로 한다.

(부 칙)

제 1조 본 규정의 시행일은 주무관청의 허가를 받아 면허등록을 한 날부터 시행한다.

제 2조 분실, 훼손, 기재 사항의 변동 등으로 자격증을 재발급할 때에는 별도의 재발급 수수료를 받아 진행한다.

태극비석치기 지도자 자격관리·운영 규정

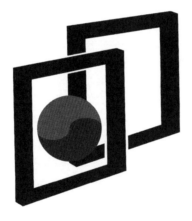

한국태극비석치기협회
Korea Taigeug Biseok Chigi Association

제1장 총 칙

제1조(목적) 이 규정은 태극비석치기 지도자 자격검정의 관리 감독운영에 필요한 사항을 규정함에 있어 공정한 심사·자격기준 정함을 목적으로 한다.

제2조(정의) 이 규정에서 사용하는 태극비석치기 지도자는 태극비석치기 지도자 자격시험에 합격한 자를 말하며, 태극비석치기에 대한 전문적인 지식을 갖추고 경기 지도 및 교육프로그램을 활용 및 운영할 수 있는 전문가를 의미한다.

제2장 관리 조직

제3조(검정인력검정조직의 업무분담) 검정은 검정관리팀장을 두어 검정관리 전반을 담당하도록 하며, 팀장이하 검정기획담당, 출제, 검정관리담당을 두어 자격검정을 운영한다.

제4조(검정인력) 검정은 검정관리전반을 담당하도록 하며, 팀장이하 검정기획담당, 인쇄담당, 검정관리담당을 두어 검정을 운영한다.

제5조(검정조직의 업무분담) 검정관리팀은 다음과 같이 업무를 분담하여 수행한다.
　① 검정기획담당자는 다음 각 호의 업무를 수행한다.
　1. 검정 시행계획의 수립 및 공고 등에 관한 사항
　2. 원서접수시험장소 및 시험감독 등에 관한 사항
　3. 민간자격취득자 관리 및 자격증 교부•관리에 관한 사항
　4. 검정업무 지도·감독에 관한 사항
　5. 검정업무 제도개선에 관한 사항
　6. 민간자격검정사업의 회계처리에 관한 사항

7. 그 밖에 민간자격 검정의 관리•운영에 관한 사항

② 출제 담당자는 다음 각 호의 업무를 수행한다.

 1. 검정 출제기준의 작성 및 변경에 관한 사항

 2. 검정의 필기·실기 시험문제의 출제, 관리 및 인쇄에 관한 사항

 3. 합격발표에 관한 사항

③ 검정관리 담당자는 다음 각 호의 업무를 수행한다.

 1. 원서접수시험장소 및 시험감독 등에 관한 사항

 2. 자격취득자 관리 및 자격증 교부•관리에 관한 사항

 3. 검정의 집행(수험원서 접수, 감독위원등의 배치, 시험장 설치, 검정 시행
등)에 관한 사항

 4. 자격취득자 사후관리에 관한 사항

제3장 자격의 검정

제6조(검정기준) ① 태극비석치기 지도자는 태극비석치기에 대한 이론과 실
기를 겸비하고 지도자의 소양과 자질을 갖추고 있어야 하며, 태극비석치기 교
육프로그램을 활용 및 운영할 수 있는 능력 유무를 기준으로 하여 등급별 검정
기준을 정한다.

③ 태극비석치기 지도자의 등급별 검정기준은 다음과 같다.

등급		검 정 기 준
태극비석치기지도자	1급	전문가 수준의 태극비석치기 기술과 실력을 겸비하고, 태극비석치기 전문선수양성 및 교육프로그램을 활용. 일반지도자를 교육할 수 있는 수준.
	2급	태극비석치기에 대한 전반적인 이론과 경기규정을 숙지하고, 일반인을 대상으로 태극비석치기를 지도할 수 있는 수준.

제7조(검정방법 및 검정과목) 태극비석치기 지도자 및 심판 자격증의 검정과목과 과목별 주요내용은 다음과 같다.

– 검정방법 및 검정과목 / 실기 *필기 100점 만점, 실기 수준평가 A~D등급

등 급		검정방법		검정 과목	합격 기준	시험시간 (필기, 실기)
태극비석치기지도자	1급	필기	주관식	· 태극비석치기의 경기기술의 응용 · 태극비석치기의 교육방법론 활용	필기 80점 이상	(각 30분 총 60분)
		실기	시연	· 태극비석치기 교수법 · 교육 프로그램 활용한 지도법	실기 B등급 이상	
	2급	필기	주관식	· 태극비석치기 경기 기술 및 용어 · 라켓스윙 방법과 스텝의 종류	필기 60점 이상	(각 30분 총 60분)
		실기	시연	· 경기진행 테스트 · 지도방법 테스트	실기 B등급 이상	

제8조(응시자격)

1. 만 18세 이상인자
2. 성별, 연령, 학력 제한 없음

등 급		응시자격
태극비석치기지도자	1급	태극비석치기지도자 일반지도자를 취득 후 2년이 경과한 자로 이론교육 3시간과 실기교육 5시간 이상 교육이수
	2급	태극비석치기지도자는 이론교육 2시간 이상과 실기교육 4시간 이상 교육이수

제9조(시험위원) 태극비석치기 지도자 자격검정시험 위원은 출제위원과 감독위원으로 구성되며, 각 위원의 역할과 준수사항은 다음 각 항과 같다.

1. 출제위원은 출제위원으로 임명받은 당 해 연도 태극비석치기 심판 자격검정시험 문제를 출제한다.

2. 출제위원은 출제한 문제와 정보에 대해 출제하고 누구에게도 유출하여서는 아니 되며, 유출 시 모든 법적책임을 진다.

3. 시험감독 위원은 태극비석치기 심판 자격검정시험을 감독하며, 응시자 유의사항을 준수하지 않는 응시자에 대해 적법한 제제를 가한다.

제10조(유효기간) 태극비석치기 지도자 자격은 유효기간 없이 취득 시 부터 평생으로 한다.

(부 칙)

제 1조 본 규정의 시행일은 주무관청의 허가를 받아 면허등록을 한 날부터 시행한다.

제 2조 분실, 훼손, 기재 사항의 변동 등으로 자격증을 재발급할 때에는 별도의 재발급 수수료를 받아 진행한다.

태극비석치기 심판/지도자 자격과정 신청서

접수번호		*		자격종목	심판/지도자	
성명	한글			자격등급	1급/2급	
	영문			생년월일		
집 주소						
집 전화				자격시험지역		
휴대폰				E-메일 주소		

본인은 자격기본법 시행령 제 15조 규정에 의하여 위와 같이 신청합니다.

성명 :　　　(서명 또는 인)

2018년　월　일

한국태극비석치기협회
Korea Taigeug Biseok Chigi Association

저자 소개 : 전병훈

저자는 백석대학교를 졸업하고, ROTC로서 장교로서 군생활을 하였다. 현재는 스포츠에 대한 관심을 가지고 스포츠용품 전문회사인 나이키에서 근무하고 있다. 평소에 전통놀이에 대하 관심을 가지고, 비석치기에 경기적인 요소를 가미하여 태극비석치기를 창시하였으며, 한국전통체육연합회 경기지부장을 맡고 있으며, 태극비석치기 운동의 저변 확대와 함께 전 세계에 태극주머니 운동을 전파하기 위해서 노력하고 있다. 평생교육실천포럼의 사무차장으로서 교육 프로그램이나. 전통체육 프로그램을 개발 연구하고 있으며, 더행복교육연구소의 부소장으로서 전국의 지자체, 평생교육기관, 연수원, 대학교에서 전통체육과 인성교육, 리더쉽에 대한 강의도 하고 있다. 현재 한국태극비석치기협회 회장으로서 전국의 체육관련 단체와 전략적 관계를 맺으며 보급하고 있다.

태극비석치기의 이론과 실제

초판1쇄 - 2018년 10월 30일

*

지은이 - 전 병 훈
발행인 - 이 규 종
펴낸 곳-예감출판사
등록-제2015-000130호
주소-경기도 고양시 일산동구 공릉천로 175번길 93-86
전화-031)962-8008
팩시밀리-031)962-8889
홈페이지-www.elman.kr
전자우편-elman1985@hanmail.net

*

*

ISBN 979-11-89083-35-9(13690)

값 12,000 원